AF297663

Dr Daniel De FONTBERG

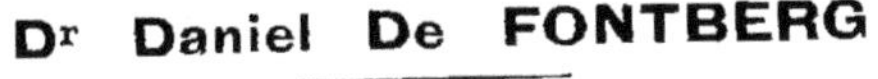

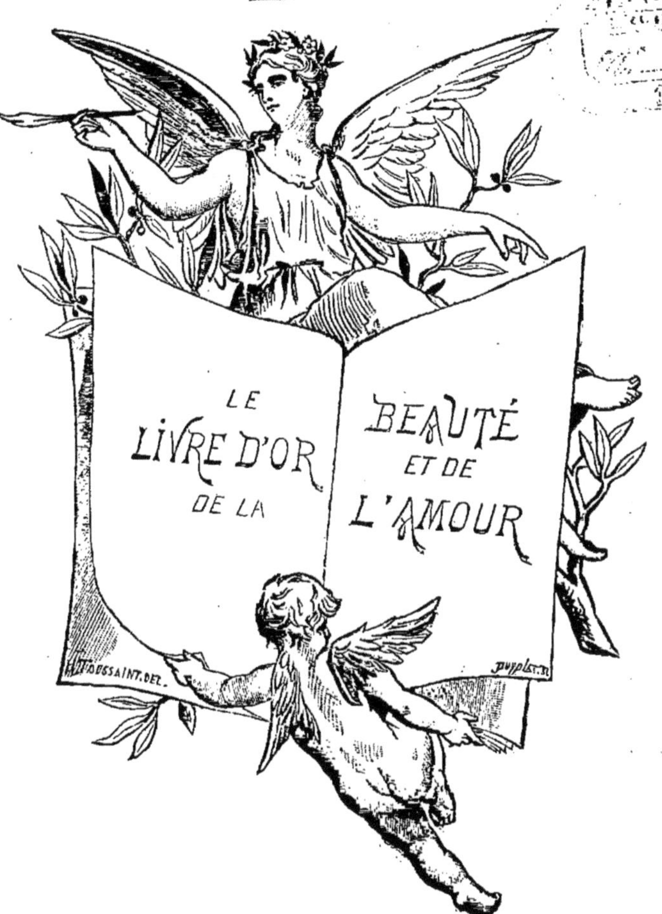

« Il appartient à la Science d'éclairer
« le Monde, et chacun de ses efforts
« doit tendre au bien-être de l'Hu-
« manité. »   « ORFILA. »

PRIX : 2 francs.

ÉDITION ILLUSTRÉE

Tous droits réservés

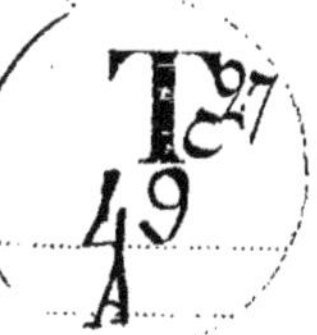

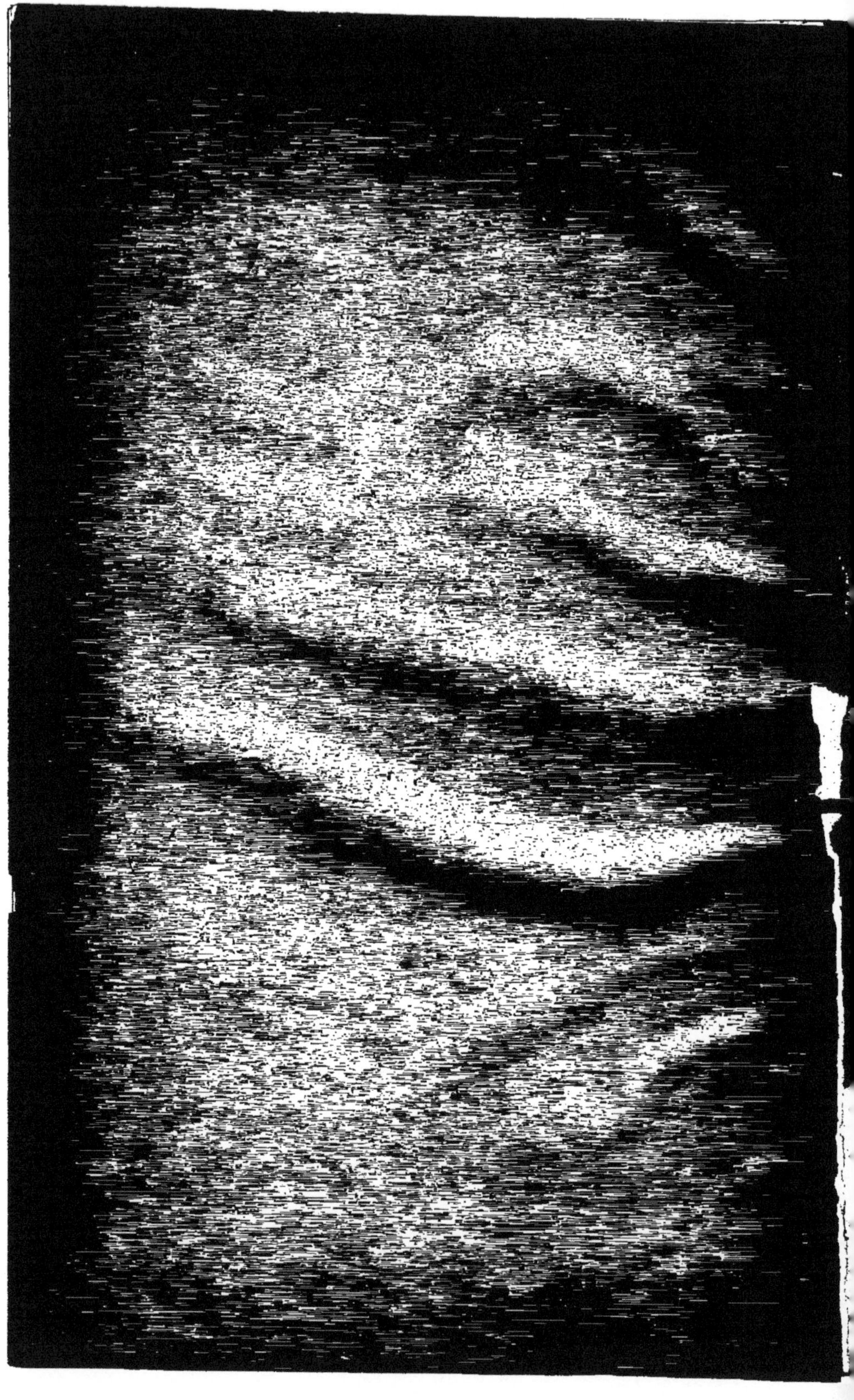

Dr Daniel De FONTBERG

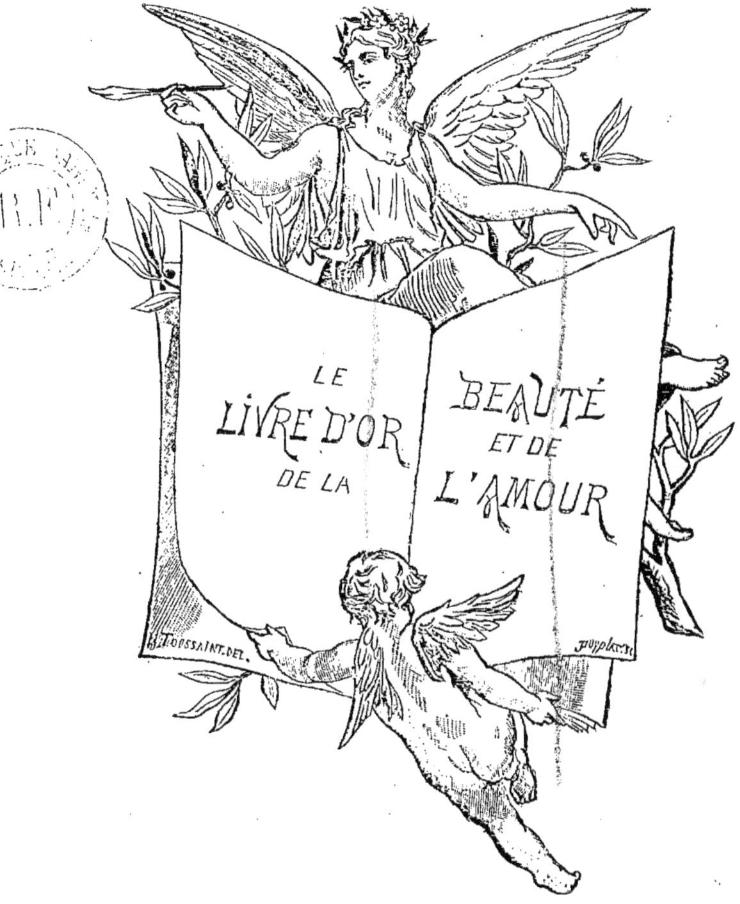

« Il appartient à la Science d'éclairer
« le Monde, et chacun de ses efforts
« doit tendre au bien-être de l'Hu-
« manité. »   « ORFILA. »

ÉDITION ILLUSTRÉE

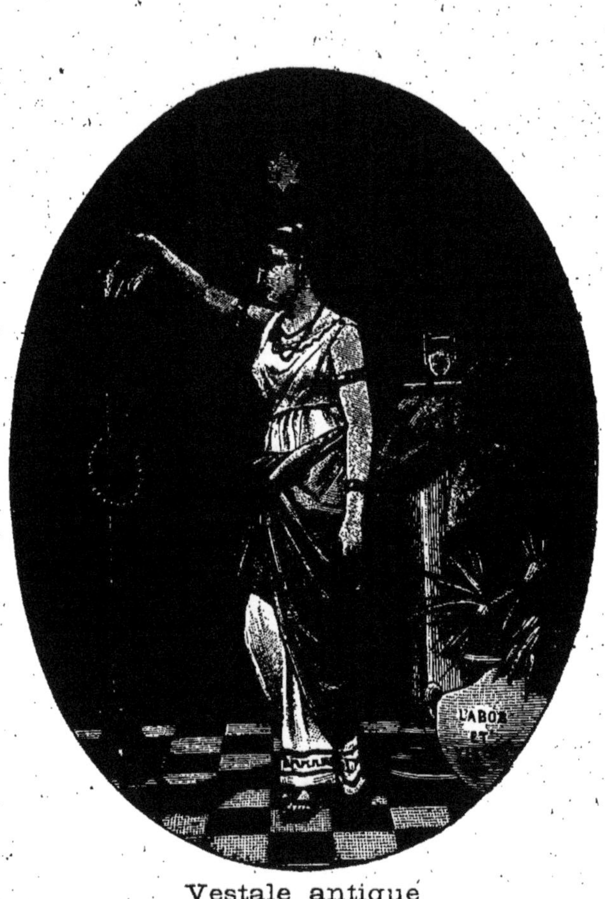

Vestale antique

AVANT-PROPOS

« Il appartient à la Science d'éclairer le
« Monde, et chacun de ses efforts doit
« tendre au bien-être de l'Humanité.
             « ORFILA. »

Dans une étude qui a pour but premier l'Amour, l'hygiène de la Beauté, doit, ce nous semble, tenir une grande place. C'est la beauté physique qui attire les sexes l'un vers l'autre; elle est, pour ainsi dire, l'enseigne de l'âme.

Les conseils que nous offrons aux femmes sur leur santé et sur leur beauté, sont dus à notre expérience dans les études sur l'organisation de la compagne de l'homme, cet être à la fois intéressant par sa faiblesse et par sa puissance. Nous ne doutons pas de l'intérêt qu'y trouveront les femmes, car elles y puiseront de véritables lumières pour l'amélioration de leur santé et la conservation de leur beauté. Certes, cette étude pour elles ne peut être d'un intérêt médiocre, car à quoi bon être la partie du genre humain, en même temps la plus gracieuse et la plus séduisante, si l'on ne sait pas mettre en relief toutes ses qualités, et si, par une négligence coupable, on laisse se perdre le plus beau don de la Nature : LA BEAUTÉ !

En second lieu, il est peu de questions aussi dignes d'exciter vivement notre intérêt et de piquer notre curiosité, que l'important sujet des actes qui ont pour but la Procréation de nouveaux êtres et l'Éternisation des espèces. La philosophie naturelle, la morale, la santé publique et privée, la curiosité, et cet attrait irrésistible des délicieuses jouissances attachées à l'union intime des sexes, y trouvent également une source féconde en observations sublimes et en préceptes, intéressant au suprême degré le bonheur de tous.

Nous avons tâché de donner à cet ouvrage toute l'importance que mérite un semblable sujet : si nous avons négligé les détails minutieux, nous nous sommes attachés aux choses indispensables à rappeler. Nous avons pris la Nature pour guide, nous avons indiqué ce qui doit être fait, lorsqu'on veut procurer aux enfants une constitution saine et robuste, sans laquelle ils ne sauraient, parvenus à l'âge adulte, et dans quelque condition qu'ils se trouvent placés, remplir convenablement le rôle que la Nature assigne à l'espèce humaine, et payer dignement leur dette au corps social.

Toutes nos actions, tous nos travaux, toutes nos pensées n'ont jamais eu d'autre but que de tendre au bien-être de l'humanité que la fièvre des passions agite; le courant n'est que trop bien établi; sans prétention, nous avons cherché à le diriger en ce qui concerne l'hygiène.

Nous souhaitons que ces pages, dont la nature commandait certaines privautés de style, aient le pouvoir, la Providence aidant, de préserver de la dépravation bien des femmes et quelques-unes des jeunes filles qui ne craindront pas de les lire.

Heureux si nous réussissions!

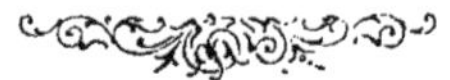

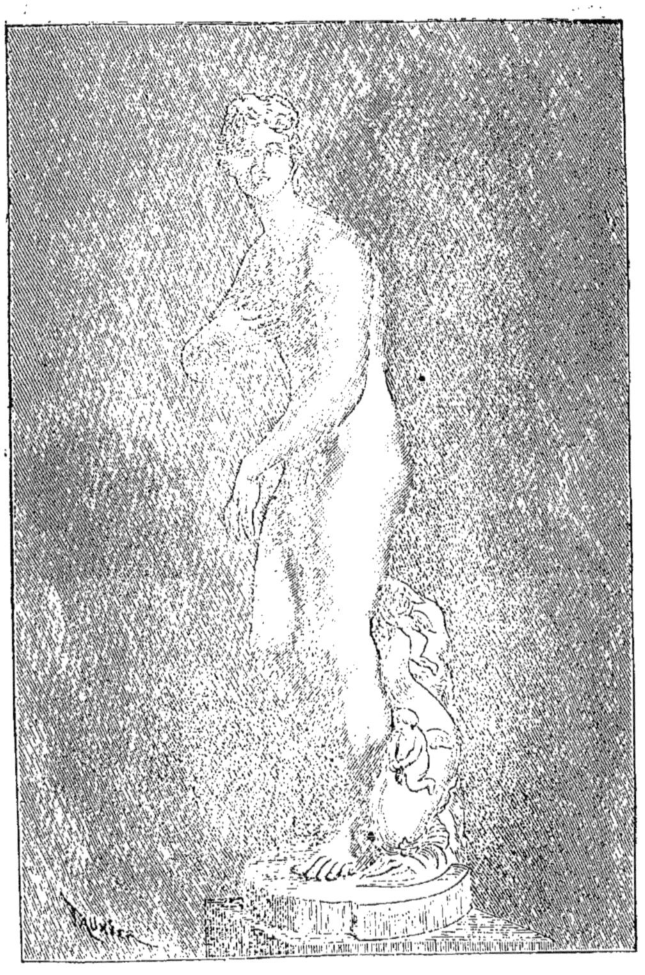

LA VÉNUS DE MÉDICIS
(Musée du Louvre)

CHAPITRE PREMIER

De la Beauté. — Beautés de la Femme. — Hygiène et Conservation de la Beauté. — Prolongation de la Jeunesse. — Avantages et Inconvénients des Corsets.

La Beauté peut être définie : « LA RÉUNION DE FORMES ET DE PROPORTIONS QUI PLAÎT AUX YEUX. » ou encore, « CET ENSEMBLE HARMONIEUX, QUI SE RECOMMANDE EXTÉRIEUREMENT PAR L'UNITÉ PURE DES FORMES ET LE JUSTE ORDONNANCEMENT DES PROPORTIONS. »

Mais que les femmes se persuadent bien qu'il n'y a point de beauté sans fraîcheur, point de fraîcheur sans santé, point de santé, si l'on contrarie la nature dans les lois de son harmonie. La femme n'a pas été créée par Dieu pour avoir la taille des abeilles, les reins écrasés, la poitrine resserrée, les épaules voûtées, les bras amaigris. La beauté d'une femme consiste dans des traits réguliers ou gracieux, dans une taille bien prise, dans de belles proportions, telles que la nature les donne et les conserve souvent, quand l'éducation ou des habitudes fatales ne les ont pas gâtées.

En résumé, la beauté, chez la femme, consiste à avoir :

Quatre choses NOIRES : cheveux, cils, sourcils, pupilles.

    «   « BLANCHES : peau, globe de l'œil, dents, jambes.

    «   « ROUGES : langue, lèvres, gencives, pommettes.

    «   « RONDES : tête, cou, avant-bras, chevilles.

Quatre choses LONGUES : dos, doigts, bras, jambes.

   «   «   LARGES : front, yeux, reins, hanches.

   «   «   ÉTROITES : sourcils, nez, lèvres, vagin.

   «   «   CHARNUES : joues, cuisses, fesses, mollets.

   «   «   PETITES : oreilles, poitrine, mains, pieds.

En outre de ces qualités, une jolie femme, ou, pour mieux dire, une femme bien faite, doit avoir les épaules étroites; le corsage peu accusé, virginalement modelé; une chevelure abondante et soyeuse; un visage plein et d'un bel ovale, un peu allongé, sans bouffissure, ni maigreur: une bouche gracieuse et saturée de voluptueuse expression; enfin, une voix mélodieusement timbrée.

Pour éviter de grands maux, il faut guérir les petits. Ainsi, les femmes ont besoin, non pas de s'écouter, mais de se soigner : elles doivent éviter les saisissements, les refroidissements, les veilles et l'insomnie trop prolongée. Elles doivent prendre un exercice modéré et observer un régime fortifiant sans être échauffant.

Elles doivent faire un grand usage de bains de pieds, de bains entiers et de lavements, le plus souvent à l'eau simple. Elles doivent prendre soin de rafraîchir leur sang, plutôt que de l'échauffer; ainsi le café, les liqueurs, les vins trop spiritueux, les ragoûts épicés, les pâtisseries de lourde digestion, les mets en général trop recherchés, sont pernicieux à la santé des femmes. Il leur faut des viandes rôties ou bouillies, des légumes simplement apprêtés, des repas réguliers, afin de donner à chacun le temps de se digérer. Elles doivent manger modérément, mais ne pas s'accoutumer à manger trop peu; ne pas surtout se laisser aller à leur goût pour les friandises ou les niaiseries au vinaigre, qu'elles préfèrent souvent aux mets solides qui leur conviennent.

Le sang joue un grand rôle dans la vie des femmes; à plusieurs époques de leur vie, elles en sont tourmentées.

C'est aux mères à surveiller leurs filles dans leurs premières années, afin de préparer heureusement la première révolution de leur nature ; plus tard, les femmes doivent se surveiller longtemps avant la dernière période de la vie où le sang doit agir sur leur santé. Les petits soins, savoir : les bains, les lavements, les tisanes rafraîchissantes et légèrement acidulées, doivent être considérées comme indispensables pour prévenir les accidents ; car quoique le sang, chez les femmes, amène des époques où leur santé peut être altérée, il est certain que la nature, ayant créé la femme pour les subir, n'a rien voulu faire de dangereux pour elle : et, en effet, quelques soins suffisent pour rendre ces époques inaperçues. Avec beaucoup de propreté, beaucoup de modération en toutes choses, les femmes arriveront, sans accident, sans maladie, à l'âge le plus avancé. Elles doivent n'avoir recours aux drogues que le moins possible, et ne jamais en prendre sans les conseils d'un médecin éclairé.

Les corsets, dans lesquels on emprisonne de bonne heure la taille des jeunes personnes, doivent être considérés comme la cause d'une foule de maladies, et probablement, de la cruelle préférence que la phthisie pulmonaire semble affecter pour le sexe féminin. En vérité, la funeste habitude qu'ont les jeunes filles de porter des corsets, ne laisse dans l'âme que de mélancoliques pensées. Respiration embarrassée et fréquente ; palpitations de cœur ; sang mal aéré, et par suite, débilité des organes : inflexion de l'épine dorsale et dérangement de la taille ; digestion pénible ; finalement, maladies pulmonaires : voilà quelques-uns des inconvénients des corsets.

Le corset doit laisser à l'aise toutes les parties du corps qu'il embrasse ; il ne doit pas *amincir* la taille, mais la *maintenir*. De ce côté-là, il offre de sérieux avantages et devient alors d'une grande utilité.

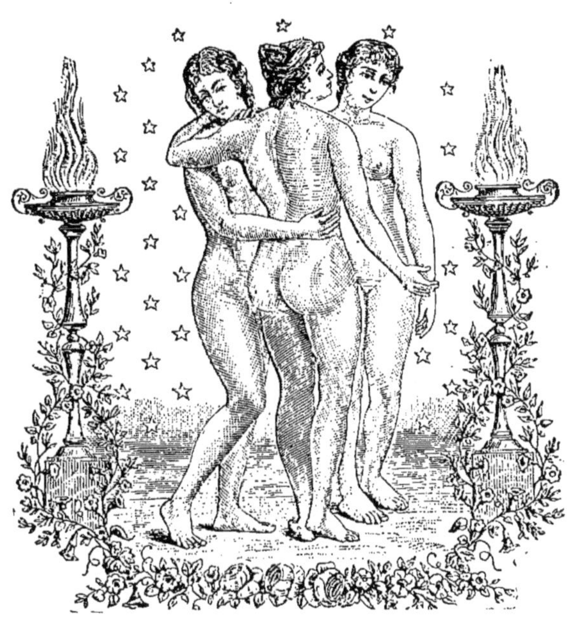

Les trois Grâces

CHAPITRE II

Secrets de Toilette. — Formulaire cosmétique.

BAIN DE PIEDS

Le bain de pieds se prépare, soit avec de l'eau chaude tout simplement, soit avec de l'eau et du sel, des cendres ou de la moutarde, ce qui forme alors le bain de pieds composé, salé ou sinapisé. Pour ce dernier, on prend un quart de moutarde de bonne qualité et en poudre; on la met dans un pot, et on verse un litre d'eau bouillante par-dessus ; on recouvre le vase, et on laisse reposer huit ou dix minutes, puis on jette cette eau avec la moutarde dans l'eau du bain de pieds.

BAINS DE PIEDS ADOUCISSANTS POUR LES DOIGTS, LES DURILLONS OU CORS

On fait bouillir dans de l'eau claire une livre de son, racine de guimauve, une poignée de feuilles de mauve.

BAINS ENTIERS

Eau simple de 20 à 30 degrés de chaleur.

POMMADE A LA SULTANE POUR LA PEAU

Cette pommade se fait avec le baume de La Mecque, le blanc de baleine, l'huile d'amandes douces ; elle est excellente pour conserver le teint.

POMMADE POUR LES BOUTONS

Prenez 500 grammes de suc de citron, ajoutez 15 grammes d'alun ; faites cuire et écumez.

Pour faire disparaître les petits boutons qui surviennent

aux lèvres par accident, on applique une croûte de pain brûlée ou de pain bis tout chaud.

Lorsque les lèvres sont échauffées, il faut les laver avec l'eau de roses ou de plantain.

POMMADE POUR LES GERÇURES

Prenez graisse d'oie, bol d'Arménie, myrrhe et céruse, 10 grammes de chaque, et formez-en une pommade.

POUDRE DENTIFRICE

Charbon en poudre........	8 grammes.
Quinquina pulvérisé	15 »
Sucre......................	4 »

Porphyrisez avec soin, et mêlez pendant cette opération.

NETTOYAGE DES CHEVEUX

Pour nettoyer les cheveux, il n'est rien de préférable à la recette suivante : Prenez de l'huile d'amandes douces et arrosez-en la tête ; frottez bien les cheveux et le cuir chevelu avec cette huile ; il ne faut pas craindre d'en employer ; puis, prenant du son, appelé *recoupe*, couvrez en la tête ; frottez les cheveux jusqu'à ce que le son ait bu l'huile ; peignez-vous avec un peigne à grandes dents, puis avec un autre à dents plus serrées, puis avec le peigne fin. A la suite de cette opération, les cheveux et la tête sont d'une propreté admirable.

POMMADE CONTRE LES TACHES DU VISAGE

Iodure chlorure mercureux..	50 centigrammes.
Cérat simple..................	30 grammes.
Iodure de potassium..........	4 »
Glycérine.....................	4 »

Enduire très légèrement les parties malades tous les soirs.

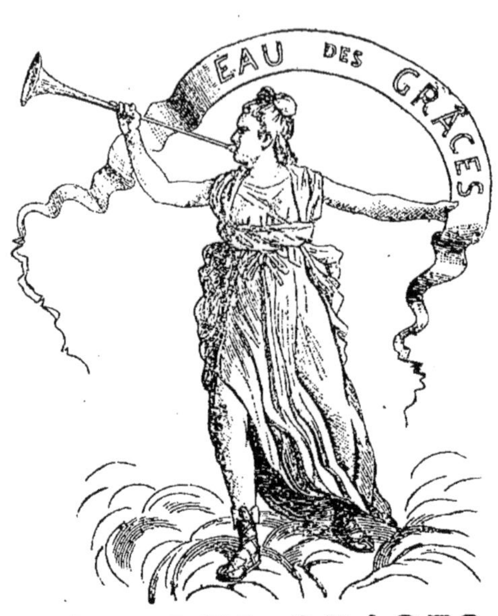

EAU DES GRACES
La Reine de la Toilette et des Boudoirs

HYGIÈNE — BEAUTÉ — SANTÉ.

Cette Eau merveilleuse, véritable *Secret de Beauté*, est incomparable pour la Beauté du Teint et l'Hygiène de la Peau ; elle lui donne un velouté naturel, la parfume et l'assouplit sans la graisser, prévient et efface les Rides et fait disparaître : Boutons, Crevasses, Gerçures, Hâle, Irritations et Taches de rousseur.

Par son usage, *l'Eau des Grâces* fortifie et raffermit les Tissus, jette sur l'émail des Dents plus de blancheur, et donne au Visage, aux Épaules, aux Bras et aux Mains, la Couleur, l'Éclat et la Beauté d'une ravissante Jeunesse.

L'Eau des Grâces sert également, dans la toilette intime, à faire des fomentations pour les parties sexuelles, à l'effet d'en dissiper l'atonie. Aucune autre eau ne peut lui être comparée à ce point de vue.

Le mode d'emploi consiste à mouiller une petite éponge ou le coin d'un linge avec *l'Eau des Grâces*, et frotter sur les parties affectées, ou que l'on veut rajeunir ; l'on obtient le plus beau résultat que l'on puisse désirer : le succès est assuré et surprenant.

Prix du Flacon : **3** *francs. Expédition franco.*

(Dépôt à la Librairie Générale).

CHAPITRE III

Si la nature a employé tant d'art et d'artifice, et a attaché
à l'union des sexes un plaisir aussi vif, c'est que cette fonction, perpétuant l'espèce, tend en même temps à entretenir
l'harmonie de l'univers; c'est la fonction à laquelle toutes
les autres semblent devoir se rapporter, et aussitôt que la
faculté génératrice disparaît, la vie se détruit en détail, et la
mort ne tarde point à arriver. Il est donc vrai de dire que
l'homme et la femme ne semblent vivre que pour la reproduction. Cette loi est générale dans l'Univers : si la fleur
brille un instant, c'est lorsqu'elle est prête à être fécondée ;
cet acte une fois rempli, elle se fane et s'effeuille. Faut-il
donc s'étonner que la Nature ait attaché autant de charmes
à l'acte qui en amène l'accomplissement.

« Comme dans la fleur, c'est le sexe femelle qui, dans
« l'espèce humaine, est le lit nuptial de l'*Amour*, splendide
« ornement d'un véritable palais de fées. *Vénus*, sous le
« nom de *Clitoris*, en garde l'entrée au milieu de deux
« *Nymphes*, qui vous indiquent le chemin du vestibule ap-
« pelé *Vagin*, au bout duquel vous trouvez la porte toujours
« fermée du temple *Utérus*, de forme ovale, image de la vie,
« qui tourne dans un cercle sans fin. Au fond de ce sanc-
« tuaire, préparé pour recevoir l'homme futur, se dresse la
« colonne de l'immortalité, surnommée les *Trompes de*
« *Fallope*, qui couronne le véritable lit nuptial, l'*Ovaire*,
« premier berceau de l'existence.

« Tout est prêt pour recevoir le divin messager si long-

« temps attendu. *Clitoris* frémit de volupté au passage de
« la *Vie*, entourée elle-même d'un sublime cortège de plai-
« sirs ; les *Nymphes* offrent leurs étreintes amoureuses et
« leurs baisers ardents ; le vestibule prodigue les agré-
« ments d'une entrée royale ; les portes, si longtemps
« fermées, s'ouvrent ; la voûte du temple semble s'élancer
« vers les cieux ; la colonne s'incline, et les *Trompes de*
« *Fallope* conduisent la *Vie* dans son berceau mystérieux. »

« Amédée CABRAL. »

Dans l'espèce humaine, le rut a lieu tous les mois. C'est
le temps des règles, des ovules mûres, propres à être
fécondés ; ces jours-là, la femme que la société n'a pas abâ-
tardie, est mélancolique et caressante ; sa voix a un timbre
extraordinaire ; ses mains sont brûlantes et se crispent,
quand elles tiennent celles de son mari. C'est que les ovules
quittent les ovaires, ils déchirent leurs enveloppes, ils
demandent la fécondation, mais ils ne l'obtiennent qu'en
poussant la femme vers l'homme. Il faut bien qu'elle obéisse,
mais elle ne veut pas qu'on le sache. Elle serait désolée, si
celui qu'elle aime allait deviner sa pensée. Que d'adresse,
de détours, de ruses il lui faudra pour arriver à son but.
Cependant l'époux s'anime, sa compagne a glissé le feu
dans ses veines ; il devient provocateur. La femme a peur ;
elle a été devinée ; elle en rougit et se défend ; elle se défend
même avec énergie, et pourtant elle sait qu'elle succombera
dans cette lutte. Elle voudrait déjà être vaincue, mais son
amour-propre, mais sa fierté, mais son instinct, son être, sa
dignité, tout en elle lui crie de ne se rendre qu'à la dernière
extrémité, quand une fois elle sera écrasée de caresses et
de baisers.

Voilà la Nature telle que Dieu l'a faite.

L'homme ne doit jamais chercher à détruire la résistance,
si elle est sérieuse. Il ne doit pas toucher à sa femme, si

elle est enceinte ; car dans la grossesse, il n'y a pas de règles, ou bien ces règles ne sont pas vraies ; elles ne sont pas accompagnées d'ovules fécondables ; donc tout rapprochement serait inutile, et par conséquent nuisible à tous les trois. La plus grande partie des avortements et des maladies de matrice vient des copulations pendant la grossesse.

CHAPITRE IV

Conseils aux Jeunes personnes sur les Préceptes les plus importants à observer pour obtenir des Enfants beaux, sains et vigoureux. — Analyse des Qualités physiques et morales de l'Homme et de la Femme. — Des Affections syphilitiques ou Maladie vénérienne. — Leur Déguisement. — Leur Danger. — Conditions sociales de la Femme. — Causes et Effets de la Prostitution clandestine. — Fréquence des Avortements — Des Substances dites abortives.

Belles dames, qui êtes jalouses de vous reconnaître ou de vous surpasser dans votre progéniture, gardez-vous bien, pour faire de beaux enfants, de vous unir à des hommes qui ne réunissent pas tous les éléments de la beauté physique, dont vous voulez orner ces petits êtres.

Que vos regards se portent d'abord sur la stature de l'aspirant à la bienveillance de votre cœur ; qu'il ne soit ni d'une taille gigantesque, ni de celle du crétin ; un juste milieu est ici indispensable. Les hommes grands sont rarement de grands hommes, et certes, nous présumons que vous n'attachez pas moins de prix à l'esprit qu'au corps. Outre que par là, vous évitez de donner le jour à de *grands sots*, vous aurez moins de chance de ne trouver dans votre époux qu'une grande faiblesse génitale. L'homme trop petit, à son tour, offrira des inconvénients que l'on pressent facilement, et qu'il est conséquemment inutile de mentionner.

Que la couleur des cheveux et autres poils, n'échappe point à votre examen. Adoptez l'homme dont la tête se trouve ornée d'une grande quantité de cheveux bruns et non trop lisses.

Que deux superbes favoris fassent l'ornement de sa figure ; que son front soit ombragé de sourcils également bruns, longs et épais ; que les bords de ses larges et mobiles paupières soient parés de cils aussi nombreux que longs et parfaitement dégagés ; que son menton, ni trop long, ni trop pointu, ni enfoncé, vous présente une barbe dense et raide. Voilà certainement quelques-uns des attributs d'une grande puissance génitale, et l'expérience démentira rarement cette proposition. Or, il n'y a qu'un homme vigoureux et énergique, qui puisse procréer de beaux enfants.

De votre côté, jeunes gens, qui êtes jaloux d'obtenir une belle progéniture, jugez de quelle importance est le choix d'une épouse, puisque c'est la femme qui prend le plus de part à la propagation ; il faut que l'homme soit homme et que la femme soit femme. Or, les caractères particuliers au beau sexe sont, en aperçu général, la délicatesse, la souplesse et la douceur, tant au physique qu'au moral.

Le volume trop considérable de la tête dans la femme, serait une véritable monstruosité pour laquelle nous devons marquer tout notre éloignement : dans une telle femme, nous ne pourrions rencontrer qu'un caractère impérieux et despotique ; le beau sexe doit offrir cette partie dans des proportions moins développées que chez l'homme, eu égard au volume du reste de l'économie. Que cette tête toujours dressée avec un mélange de noblesse et de modestie, se trouve ornée de cheveux aussi nombreux que longs et doux au toucher. Préférons la châtaine à tout autre ; cette couleur des cheveux dénote de la douceur et même un certain degré de force. Ne rejetons cependant point la blonde : l'aménité du caractère, la franchise, la docilité et l'abandon formant son caractère distinctif. La brune est plus piquante, plus spirituelle, plus vive, plus enjouée, plus leste, plus ardente dans les plaisirs de l'amour et meilleure nourrice que la blonde et la châtaine ; mais, en revanche, elle offre une volonté plus tenace, un caractère plus indomptable et une pente plus ou moins irrésistible au despotisme. Que les rousses se trouvent toujours repoussées comme incapables de nous donner de beaux enfants.

L'âge du sujet que l'on épouse est de la plus haute importance pour l'art de procréer de beaux enfants. Trop jeune, l'homme ne fournit qu'une liqueur mal élaborée, peu consistante et non imprégnée de cette force nécessaire pour transmettre la vigueur et la beauté réunies, car, qu'est la dernière sans le premier avantage ?

Si le jeune homme ne réunit pas en lui les éléments de la force et de la beauté, à plus forte raison, l'homme dont l'âge est venu jeter la débilité dans son économie s'en trouve-t-il dépourvu. Chacun sait que le vieillard ne fournit plus qu'une liqueur claire et tout à fait impropre à la procréation d'êtres sains, vigoureux et doués des qualités physiques et morales qui font le charme de la vie.

Parmi les maux susceptibles de détériorer la constitution de l'homme et d'affaiblir en lui la puissance régénératrice, il n'en est point de plus fréquent, et, en même temps de plus redoutable et de plus fécond en résultats fâcheux, que cette maladie connue sous le nom de *syphilis* ou *maladie vénérienne*. Que de désordres, en effet, ne peut point déterminer dans tous les organes ce poison destructeur de nos plus douces jouissances? Les difformités, de nombreuses maladies chroniques et incurables, l'impuissance génitale absolue, une progéniture des plus chétives, et même la mort : tels sont les effets trop communs de cette funeste maladie.

Le beau coloris du visage, le teint vermeil de la peau, l'air de fraîcheur et de santé dans les personnes auxquelles on se propose de s'unir en mariage, sont autant de circonstances qui captivent ordinairement la confiance, et font prononcer que les individus qui offrent des apparences si heureuses sont parfaitement sains. Mais combien ces apparences de santé sont susceptibles d'induire en erreur ! Les progrés du mal ne sont pas toujours tels que le virus exerce son action sur l'ensemble de l'économie, et combien souvent ne nous est-il pas arrivé de rencontrer chez des personnes en apparence des plus saines et des mieux portantes, des écoulements opiniâtres, des bubons, des pustules, des ulcères vénériens de nature rongeante, et qui déjà avaient désorganisé une portion du membre viril ou de la vulve, le voile du palais, etc. C'est ainsi que sous les plus belles fleurs, reposent quelquefois les animaux les plus venimeux.

Quoi de plus capable d'en imposer aux personnes non initiées dans la connaissance des divers symptômes de cette maladie, que les nombreux déguisements que peut revêtir le virus qui l'occasionne? C'est ainsi qu'il sait revêtir, tour à tour, les différentes formes d'un simple échauffement dans les organes génitaux et urinaires, d'un abcès ordinaire, d'un dévoiement blanc, de fleurs blanches, de crevasses ou de fissures aux pieds et aux mains, de boutons, d'excroissances de chair, d'écrouelles, de scorbut, de violentes douleurs de tête, de phthisie pulmonaire.

Présentement, énumérons les causes qui rendent les ulcéres et les affections cancéreuses si fréquentes aujourd'hui. Selon nous, il ne faut pas les chercher ailleurs que dans les conditions sociales où notre époque place les femmes. En effet, dans les climats tempérés, comme sous les zônes brûlantes et glaciales, chez les nations civilisées aussi bien que chez les sauvages, malgré la divergence des races, malgré la différence des mœurs et des lois, la femme est en quelque sorte assujettie à la volonté de l'homme. Attachée à sa destinée, elle est bien souvent aussi la victime de ses caprices, de ses vices ; en échange du bonheur que les illusions de sa jeunesse lui font rêver, elle ne trouve que des déceptions. Souvent sans famille, elle ne peut vivre de son travail, et elle est forcée de se donner successivement un maître dans chaque amant ; puis, quand elle a passé toutes les phases de dégradation, elle va mourir prématurément dans un hôpital. Voilà la position de la fille du peuple ; voyons si, dans une autre classe, sa position est plus tolérable.

Chez la femme dont la condition est supérieure, chez celle que *l'on marie*, car rarement on consulte ses inclinations, au nombre des causes prédisposantes aux maladies de l'utérus, il faut compter en première ligne la maladie syphilitique dont l'époux, souvent épuisé de débauche, lui inocule le germe.

Vient ensuite la crainte d'avoir un trop grand nombre d'enfants, qui engage les époux à user de l'acte de la reproduction, de manière à éviter la conception : *lorsque le laboureur sème en dehors de son champ, la terre reste stérile et sèche.* Cette sécheresse est la cause du plus grand nombre des ulcères.

Dans le premier cas, chez la femme réduite à une prostitution clandestine, outre les affections syphillitiques et l'irritation continuelle de l'organe sexuel, on doit compter l'avortement. Une de ces malheureuses nous a avoué que douze fois elle avait confié sa vie à une sage-femme en réputation pour cet infâme commerce. Il est même des femmes mariées qui ont recours au même moyen. En résumé, s'il est pénible pour nous de signaler la fréquence de ces maladies, nous sommes heureux de dire que l'art de guérir fait chaque jour de nouveaux progrès pour leur traitement, grâce aux travaux des Lisfranc, Jobert, Pichard, etc.

On ne saurait se faire une idée combien, à Paris surtout, l'avortement est devenu fréquent, principalement chez certaines femmes qui font profession de galanterie ; aussi, un grand nombre de ces malheureuses succombe chaque année à des affections aiguës ou chroniques de l'utérus, qui ne reconnaissent pas d'autres causes. D'autres, dans le même but, prennent des doses énormes de substances dites *abortives*, dont elles ne connaissent pas les effets délétères et qui toutes agissent comme poisons, selon la constitution ou la force de l'individu qui en fait usage. C'est ordinairement la rhue ou la sabine, qui jouissent de cette funeste prédilection, et qui ne réussissent jamais qu'à procurer une mort prématurée par des pertes de sang que rien ne peut arrêter, ou par la dégénération cancéreuse, l'ulcère, la gastrite chronique, les chutes ou descentes de matrice, enfin, l'incurable cancer et sa longue agonie.

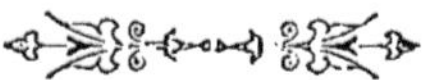

CHAPITRE V

Moyens de transmettre aux Enfants l'étincelle de l'Esprit, et même du Génie, tant en les procréant, que par l'excellence de leur Éducation physique et morale. — Indications pour pronostiquer exactement le Sexe de l'Enfant, pendant la Grossesse.

Rien de plus important que la création de l'homme : avant même qu'il soit conçu dans le sein de sa mère, son sort se trouve entre les mains de ses parents, qui influent puissamment sur son bonheur futur, par la seule observation des règles hygiéniques relatives aux plaisirs sexuels.

Que quiconque donc est jaloux de donner naissance à une postérité qui fasse honneur à sa mémoire sous le rapport des facultés de l'intelligence, ne s'allie absolument qu'à une personne qui réunisse au suprême degré la force de l'âme, le courage, la justesse du raisonnement, l'égalité d'âme, l'impassibilité dans tout évènement, une mémoire heureuse, une imagination féconde, un esprit susceptible d'une attention soutenue et de s'exercer sur des choses propres à agrandir l'intelligence et à inspirer des idées nobles et grandes.

Mais il est pour l'art de faire des enfants d'esprit une autre considération qui mérite bien plus de fixer notre attention : c'est l'éducation de l'enfance. Le jeune âge est une véritable cire molle à laquelle on peut donner toutes les formes et toutes les impressions possibles, sauf, toutefois, celle qui seraient en contradiction manifeste avec les dispositions naturelles et fortement prononcées de leur organisation physique et de leur esprit.

Ce n'est point seulement à l'âge où la raison commence à se développer dans l'enfant, qu'il en faut commencer l'éducation, mais encore dès l'instant où il est déposé au port de la vie. Il faut même s'en occuper dès l'instant où il réside encore dans le sein de sa mère. Nous dirons même plus, l'on doit y procéder avant même la conception.

Pour obtenir des enfants d'esprit, la femme doit les allaiter de son propre sein : ce n'est qu'ainsi qu'elle peut espérer d'alimenter et d'agrandir le feu du génie, qui leur fut déjà transmis par l'acte de la propagation. Personne n'ignore, en effet, la facilité avec laquelle les dispositions physiques et morales se transmettent au nourrisson par la voie de l'allaitement.

La mère de famille bannira l'usage du maillot, usage absurbe et, malgré cela ou à cause de cela, éternel.

D'après les docteurs J. Bidard, de Santiago, Frankenhausen, Block et Cumming, d'Edimbourg, le nombre des battements de cœur, pendant la grossesse, peut servir à pronostiquer le sexe de l'enfant. Ainsi, d'après ces auteurs, si le chiffre des pulsations cardiaques est de 130, l'enfant sera du sexe masculin ; s'il est de 150, l'enfant sera du sexe féminin.

En appliquant ces données, M. J. Bidard est parvenu à pronostiquer exactement 92 fois sur 100 ; mais si le chiffre oscille entre 130 et 150, on ne peut rien avancer.

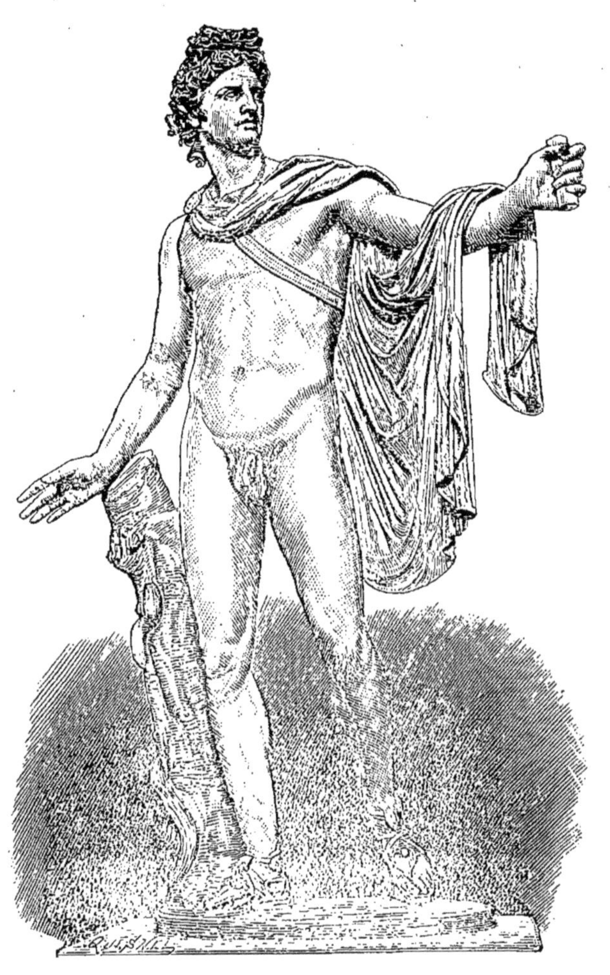

L'APOLLON DU BELVÉDÈRE
(Musée du Louvre)

CHAPITRE VI

Influence de l'Imagination sur la détermination de la Beauté.

L'influence de l'Imagination sur le développement des organes sexuels est telle, qu'il est démontré qu'elle peut faire avancer l'époque de la puberté de plusieurs années. L'on sait que les enfants des camgagnes, dernier asile des mœurs, se montrent, en général, nubiles, un ou deux ans plus tard que ceux des grandes villes, notamment de celles où règnent la licence et le libertinage. Rien de plus fréquent que les pubertés précoces dans la ville de Paris, où tant de circonstances relatives à la procréation des sexes se trouvent réunies, telles que la lecture des romans, les spectacles, les gravures, les peintures et les statues, dont les salons et les jardins publics sont encombrés; et surtout la présence continuelle, dans tous les points de la capitale les plus fréquentés, de ces lubriques Messalines, à la parure indécente, aux gestes les plus agaçants, aux discours les plus séduisants, les plus lascifs et les plus corrupteurs pour le jeune âge sans expérience, qui ne peut voir dans ces Sirènes que la douceur des plaisirs dont elles lui promettent de l'enivrer, et non toute la turpitude attachée à leur commerce dégradant.

Quelle est la personne, tant soit peu répandue dans le monde, qui ne se soit trouvée à même d'observer les puissants effets de l'imagination de la femme sur le fruit contenu dans ses entrailles ! Ici, vous trouverez une mère dont l'enfant se trouve sans cesse soumis à des convulsions violentes, celle-là ayant éprouvé des secousses plus ou moins fortes de l'âme pendant la grossesse ; là, vous verrez un enfant d'une santé faible et chétive, due à de profonds chagrins de sa mère pendant la gestation ; plus loin, vous en trouverez un autre remuant, entreprenant, audacieux, parce que sa mère, pendant le temps qu'elle le portait dans son sein, se trouva soumise à des circonstances qui exigèrent le déploiement d'un courage héroïque.

Que les époux donc, tant pendant le coït que dans les instants qui le précèdent, se pénètrent l'esprit, et conséquemment tous les organes de l'économie, des pensées les plus favorables au but qu'ils se proposent. Que l'homme jaloux de donner la vie à un bel enfant, rende présent à son esprit, par les efforts de son imagination, l'objet le plus attrayant et le plus enchanteur que jamais la Nature ait exposé aux regards d'un mortel. Que la femme, de son côté, animée de l'ardent désir d'obtenir le même résultat, concentre toutes ses facultés sur le plus beau des hommes, et que pendant tout le temps de sa grossesse, notamment dans les premiers mois qui suivent la conception, son esprit nage sans cesse dans la contemplation du beau.

CHAPITRE VII

Secret merveilleux pour conserver à tous les tempéraments, jusqu'à l'âge le plus avancé, en même temps que la Santé et la Vigueur du jeune âge, une grande Puissance génitale près le Sexe.

Enseigner à l'homme les moyens de se montrer vigoureux près du sexe jusqu'à l'âge le plus avancé, n'est rien autre chose que de lui tracer les préceptes hygiéniques les plus propres à la conservation de la santé, et à lui procurer la plus grande longévité possible.

Ainsi, l'art de conserver le plus longtemps possible une grande vigueur, une grande puissance génitale près le sexe, se réduit absolument à l'observation des sages préceptes de la science hygiénique dont voici les trois règles les plus importantes :

1° En réglant sagement l'action des organes, éviter tout excès dans l'exercice actuel des fonctions physiques et morales ;

2° En faisant un choix convenable de tous les agents que la Nature nous accorde pour le maintien de la santé : air pur, habitation de lieux secs et bien exposés, alimentation restaurante et de facile digestion, boissons fortifiantes et non trop excitantes ;

3° Enfin, en mesurant sagement la dose de ces divers modificateurs de l'économie, d'après l'âge, le sexe, le tempérament, la profession, les idiosyncrasies.

Si de toutes nos jouissances, les jouissances sexuelles sont les plus attrayantes, il s'en suit nécessairement que c'est dans l'acte qui les produit, que l'homme devra faire les plus grands excès. Une autre vérité non moins importante, c'est que de tous les écarts de régime, il n'en est point qui soit plus funeste à la santé que l'usage abusif de l'acte sexuel.

Dans une foule de circonstances, il nous est arrivé de donner aux organes sexuels toute l'énergie qu'ils avaient perdue, soit par des écarts de régime, soit par des maladies délibitantes, soit enfin par la présence du virus vénérien dans l'économie, d'une part, en combattant et détruisant la cause déterminante ou occasionnelle, de l'autre, en faisant faire l'emploi de notre délicieuse et exquise Liqueur hygiénique « *la Vestale*, » jouissant de la triple propriété de fortifier l'estomac, tout le reste de l'économie, et surtout l'appareil sexuel, d'une façon vraiment remarquable.

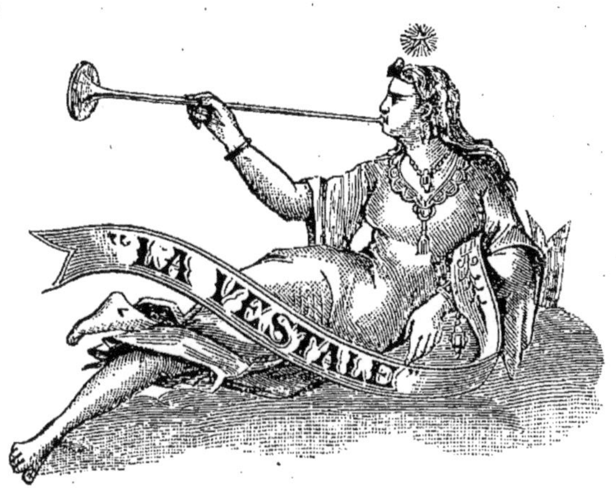

La vertu merveilleuse de la « **VESTALE** » *est de conserver à tous les tempéraments, jusqu'à l'âge le plus avancé,* la **santé**, la **puissance** *et la* **vigueur** *du jeune âge.*

En prenant tous les matins, après son déjeuner, 5 ou 6 gouttes de « *Vestale* », l'on commence à ressentir au bout de huit jours les effets bienfaisants de cette merveilleuse et incomparable Liqueur hygiénique, dans la composition de laquelle il n'entre que des plantes aromatiques absolument bienfaisantes, dont les sucs concentrés et réduits, sont tenus en suspension par des eaux-de-vie de vin vieilles. La « *Vestale* » est, en outre, souveraine contre toutes les maladies épidémiques et contagieuses, générales ou locales. C'est un produit *absolument végétal* qui se conserve indéfiniment.

Cette liqueur doit la réputation dont elle jouit à ses précieuses propriétés, à son action prompte et merveilleuse, à son goût agréable.

PRIX DU FLACON : **3 francs**

Expédition franco

Dépôt à la Librairie Générale

CHAPITRE VIII

Bonheurs conjugaux. — Hygiène de la Génération.

Epouses jalouses de ne procréer que des enfants capables
de parcourir vigoureusement la carrière de la vie, plusieurs
heures avant l'instant de travailler à la formation d'un
homme, que votre esprit nage dans des idées de volupté
propres à déterminer la sécrétion d'une forte dose de liqueur
séminale. Tout en conservant un excès d'amabilité, éloignez,
autant que possible, l'heureux moment du sacrifice. Que de
tendres baisers, des caresses préliminaires de tous genres,
vous disposent à rassembler cette puissante excitation génitale.

Gardez-vous bien, belles dames, de jamais prévenir les
désirs de vos maris, et ne perdez jamais de vue que la satis-
faction trop prompte et trop facile des désirs voluptueux,
chez l'homme, produit toujours les effets les plus contraires
à vos vues.

Nous allons, maintenant, tracer les préceptes les plus
importants à observer, tant pour ne ressentir que les bien-
faits des plaisirs amoureux, que pour se mettre à l'abri de
l'épouvantable attirail des maux qu'ils peuvent entraîner à
leur suite :

1º Ne se livrer au coït que quand la Nature en fait un
besoin impérieux, et que le corps a acquis à peu près tout
le degré de force dont il est susceptible ;

2º Observer la continence pendant un certain temps, dès
que l'on s'aperçoit que les émissions spermatiques tendent
à affaiblir l'économie, surtout dans la vieillesse, rien n'étant
plus capable d'avancer alors le terme de l'existence ;

3º Ne se livrer aux Plaisirs de l'Amour qu'avec la plus

grande circonspection, quand on s'adonne aux travaux de cabinet ou à des exercices pénibles du corps, et que l'on ne peut se procurer des aliments suffisamment restaurants;

4° S'en abstenir complètement pendant l'écoulement des règles, pendant l'honorable fonction de l'allaitement, dans le temps de la grossesse, dans toute maladie tant soit peu grave, et surtout quand les organes sexuels sont le siège de quelque inflammation, soit simple, soit syphilitique ;

5° Enfin, ne jamais se livrer à l'acte si sérieux de la procréation, quand on est sous l'influence de la contrariété, de la colère, de l'ivresse, du découragement, ou de tout autre sentiment mauvais, non plus que par les temps de perlurbations atmosphériques.

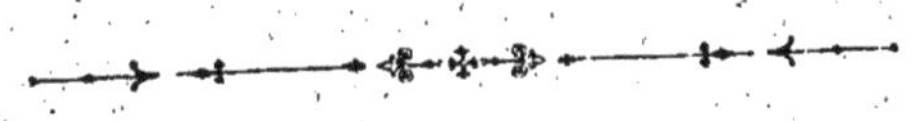

CHAPITRE IX

Stérilité. — Impuissance. — Obésité. — Causes. — Signes. — Remèdes. — Fécondation dite artificielle.

Les causes principales qui provoquent la stérilité, chez la femme, sont : la malpropreté du vagin, les injections froides après le coït, les tumeurs de l'utérus, les excès vénériens et l'onanisme.

Le manque d'ovaires, l'absence de matrice, l'imperforation du col de cet organe, les déversions et flexions de la matrice, les rétrécissements du col utérin et ceux de la trompe, sont les causes de stérilité contre lesquelles il n'y a pas de remèdes. Mais les causes les plus fréquentes de stérilité, proviennent des maladies de la matrice, malgré sa conformation normale.

Les maladies qui rendent la femme stérile quand elle est bien constituée, sont principalement les écoulements et les suites qu'ils entraînent après eux.

Les femmes d'un tempérament sanguin, humide, d'un caractère gai, affectueux, sont les plus fécondes ; celles qui ont une constitution sèche, nerveuse, un caractère ardent, une peau aride et des passions violentes, sont communément stériles. Les flegmatiques, d'une humeur molle, indolente, incapable d'affection, conçoivent difficilement, à cause du grand relâchement de leurs organes génitaux. Il en est de même parmi les hommes. Mais l'impuissance et la stérilité peuvent se guérir, à la condition de suivre une hygiène sévère ; dans les cas d'impuissance causée par les excès vénériens et l'épuisement, on aura recours à l'hydrothérapie, au quinquina, au fer, mais surtout à la Liqueur hygiénique la « *Vestale* ».

Un extrême embonpoint est aussi une cause de stérilité dans les deux sexes, car la graisse se forme aux dépens de la liqueur génitale ; mais quand l'embonpoint s'exagère, les formes du corps deviennent monstrueuses, et l'obésité compromet alors d'importantes fonctions. Le traitement comprend l'exercice, surtout le matin, le régime, le pain grillé, le jus de cresson, la réduction des boissons, et les purgatifs drastiques, surtout la scammonée, à la dose de un à deux grammes. (Aloès, gomme-gutte, jalap).

Quand la stérilité vient de l'homme, c'est qu'il est impotent ou impuissant.

L'homme et la femme sont impotents, quand ils n'ont pas les organes de la génération complets, que ces organes sont mutilés par la Nature ou les maladies. Quand chez l'homme tout est organisé suivant la nature, il est potent, mais il peut cependant être impuissant.

Il y a différents degrés d'impuissance. Il est naturel que

l'impotent, que celui qui est mutilé au point de ne pouvoir remplir l'acte sexuel, est impuissant. Ainsi, le manque de testicules, une semence sans animalcules, l'absence de la verge ou membre viril rendent impuissant.

Le remède direct à la Stérilité, c'est la *fécondation* dite *artificielle*, c'est-à-dire l'injection artificielle du sperme dans le vagin de la femme. Cette injection peut se faire de plusieurs manières, mais le plus souvent on emploie la seringue.

Giraud conseille d'introduire le sperme dans une sonde, de placer celle-ci dans le col de l'utérus et de souffler avec la bouche.

Le célèbre médecin Pagot, à l'aide de son nouveau fécondateur, obtient le même résultat ; le docteur Eustache, de Montpellier, confie le soin de l'opération au mari lui-même, qui, aussitôt après le coït, doit introduire son doigt dans le vagin de sa femme, et le diriger, chargé de sperme, sur le col utérin.

CHAPITRE X

*Anatomie Chirurgicale. — Coupe du Bassin et Description
anatomique des Organes génito-urinairee de l'Homme et
de la Femme.*

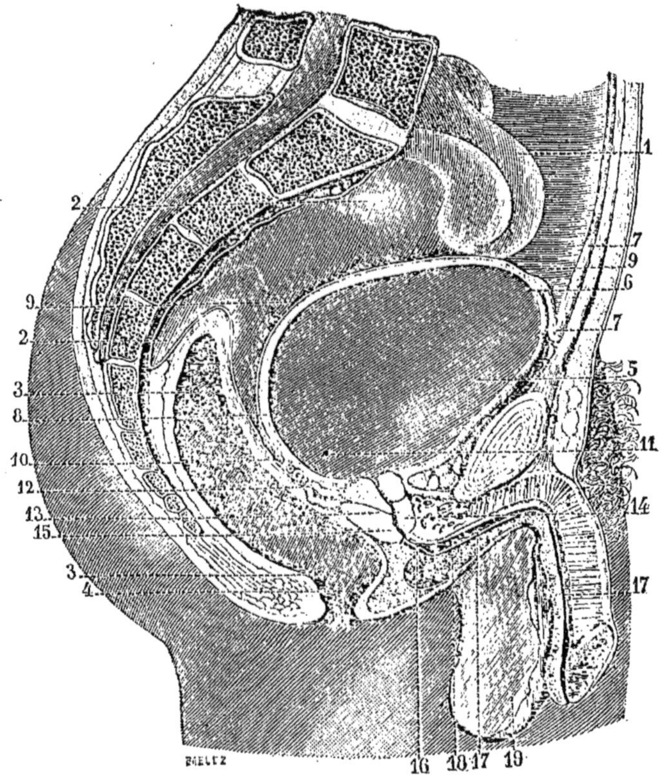

COUPE DU BASSIN

Organes génito-urinaires de l'Homme,

vus de côté

Explication de la Planche

1. — S iliaque du côlon.
2.2. — Partie supérieure du rectum, obliquement dirigée en bas et en arrière.
3.3. — Sa partie moyenne oblique en bas et en avant.
4. — Sa partie inférieure, dirigée comme la supérieure, en bas et en arrière, mais beaucoup moins oblique que celle-ci.
5. — Moitié gauche de la cavité vésicale.
6. — Son sommet dirigé en haut et en avant.
7.7. — Ouraque partant de ce sommet, descendant sur la vessie dilatée, puis décrivant un coude à concavité supérieure.
8. — Bas-fond de la vessie, en rapport avec la partie moyenne du rectum.
9.9. — Péritoine descendant dans le coude que forme l'ouraque, pour se prolonger ensuite sur le sommet et la face postérieure du réservoir urinaire.
10. — Cul-de-sac recto-vésical.
11. — Embouchure de l'urètre gauche.
12. — Canal déférent et vésicule séminale du côté droit, incisés près de leur extrémité terminale.
13. — Partie postéro-inférieure de la prostate traversée par le conduit éjaculateur.
14. — Sa partie antéro-supérieure.
15. — Portion prostatique de l'urètre.
16. — Sa portion membraneuse.
17.17. — Sa portion spongieuse.
18. — Bulbe de l'urètre.
19. — Testicule gauche entouré de ses enveloppes.

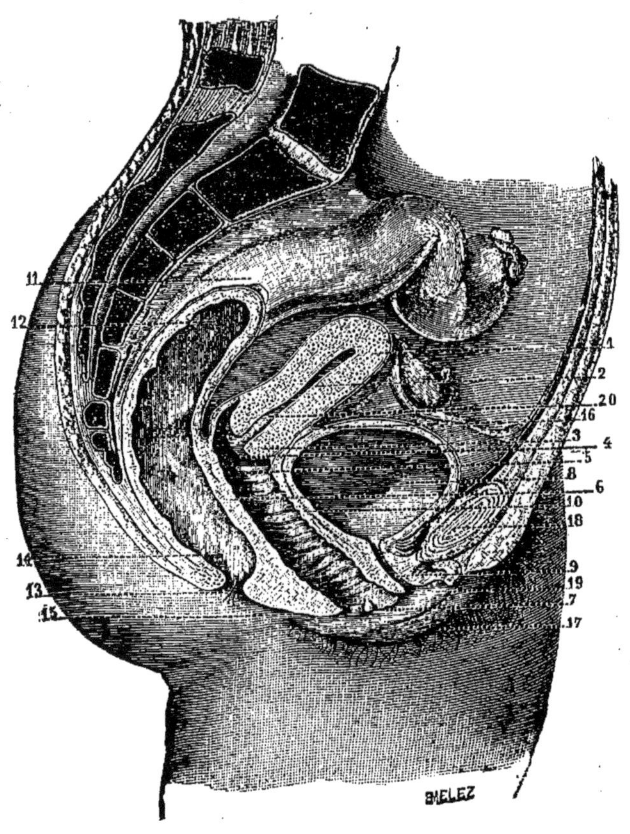

COUPE DU BASSIN

Organes génito-urinaires de la Femme,
Vus de côté

Explication de la Planche

1. — Corps de l'utérus.
2 — Cavité du corps.
3. — Corps de l'utérus (déjà mentionné au n° 1).
4. — Partie sus-vaginale du col ou museau de tanche.
5. — Cavité du vagin.
6. — Cloison recto-vaginale constituée par l'union de la paroi intérieure du rectum et de la paroi postérieure du vagin.
7. — Entrée ou orifice du vagin.
8. — Cavité de la vessie.
9. — Canal de l'urètre.
10. — Cloison vésico-vaginale formée par l'adossement du bas-fond de la vessie et de la paroi antérieure du vagin.
11. — Rectum.
12. — Cavité du rectum.
13. — Orifice anal.
14. — Cavité du rectum (déjà mentionnée au n° 12).
15. — Périnée.
16. — Cul-de-sac vésico-utérin du péritoine.
17. — Grande lèvre.
18. — Symphise du pubis.
19. — Nymphe ou petite lèvre.
20. — Cavité du col de la matrice.

CHAPITRE XI

Curieuses Opinions d'illustres Médecins sur la Génération

Pourquoi certaines femmes, quoique très bien constituées, sont-elles insensibles aux Plaisirs et Jouissances de l'Amour ? Moyen de changer l'état de ces personnes.

L'opinion du docteur Venette sur l'art de procréer les sexes à volonté, est qu'il n'est nullement difficile d'obtenir un sexe de préférence à un autre, et voici à peu près à quoi se réduit l'art qu'il enseigne : « Je connais, dit-il, quelques « femmes qui ont toujours l'habitude de se coucher sur le « côté droit lorsqu'elles dorment avec leur mari, et c'est « toujours dans cette posture qu'elles reçoivent le membre « viril, et elles conçoivent presque toujours des garçons. « On ne saurait donner d'autre raison de ce qui arrive de la « sorte, que celle qui favorise mon sentiment ; car la « semence de l'homme étant reçue dans la matrice de la « femme située dans la posture que nous venons d'indiquer, « ne peut tomber, par son propre poids, que dans la corne « droite, où les garçons sont le plus souvent formés. C'est « une remarque qu'a fait Rhasis aussi bien que moi, « lorsqu'il dit que les femmes qui se couchent ordinairement « sur le côté droit ne font presque jamais de filles. »

Hippocrate, le père de la médecine, conseille à l'homme de se lier très fortement le testicule droit pour avoir un garçon, et le testicule gauche pour avoir une fille.

L'Insensibilité provient de deux causes : faiblesse de sang et excès même d'ardeur. Une bonne alimentation est nécessaire. On fera usage, dans ces deux cas, de viandes rôties, vin vieux, et on aura soin de faire des injections réitérées d'eau degoudron, de tannin ou de feuilles de noyer. On pourra prendre également, quelques instants avant de se livrer au coït, une potion stimulante ou quelques pastilles aphrodisiaques.

CHAPITRE XII

Génération Universelle. — Procréation certaine et infaillible des sexes à volonté. — Application certaine, facile et immédiate de la Loi qui régit la Production fatale des Sexes chez l'Homme et chez les Animaux. — Précieuse et admirable Découverte. — Régénération de l'industrie de l'élève du Bétail. Exposé de la Méthode.

Chez les plantes, les animaux et les hommes, il y a des mâles et des femelles ; les femelles produisent les ovules ; les mâles produisent la semence ou sperme.

Nous allons nous occuper de l'application de la loi chez les animaux les plus utiles. Prenons la race bovine.

Un paysan désire que ses vaches lui fassent des génisses. Voyons ce qu'il a à faire.

L'ovule vit et est propre à la fécondation pendant le rut. Mais l'ovule est femelle, ou produira une femelle, s'il est fécondé dans les premiers moments de sa vie. Ainsi, la vache produira une génisse, si l'ovule est fécondé au commencement de son existence.

L'ovule commence à exister aussitôt que la vache est en chaleur ; donc, faites féconder la vache aussitôt quelle entre en chaleur, et elle vous produira une génisse.

Si vous voulez qu'elle vous produise un mâle, conduisez-la au taureau vers les derniers moments qu'elle est en chaleur.

On peut faire les mêmes expériences sur des chevaux, des ânes, des moutons, de chèvres, etc.

RÈGLE GÉNÉRALE. — Conduisez la vache au taureau aussitôt que vous apercevrez les premiers symptômes de chaleur, elle vous produira une génisse ; et vingt-quatre ou trente heures plus tard, vous aurez un petit taureau. Agissez de même manière avec la jument, et vous obtiendrez aussi les mêmes résultats.

Voilà le grand secret pour obtenir à volonté des animaux de l'un ou de l'autre sexe, secret qui a été cherché pendant tant de siècles, et qui était resté caché dans les *Archives de la Création* ; et croyez bien que ces choses ne sont pas des suppositions, car l'expérience démontre chaque jour ce que nous venons d'avancer, au sujet de cette précieuse découverte, dont l'application est immédiate et très facile chez les animaux comme chez l'homme.

Tous les agriculteurs qui ont été à même d'expérimenter cette méthode réelle et parfaitement sûre, ont toujours obtenu un succès prodigieux, *ils n'ont jamais eu aucun cas de non-réussite ; ils ont toujours obtenu d'emblée, sans aucun tâtonnement, tous les résultats attendus ;* nous souhaitons bien vivement que tous les éleveurs mettent à profit cette merveilleuse découverte, qui régénèrera l'industrie de l'élève du bétail.

Nous venons de nous occuper des bêtes, occupons-nous maintenant des gens.

La loi qui préside à la formation des mâles et des femelles, est la même dans l'espèce humaine que chez les animaux et les plantes. Ainsi, la femme produit des ovules aussi, elle en produit chaque mois. Les ovules, chez la femme, sont mûrs pour la fécondation immédiatement après les règles. Immédiatement après les règles, l'ovule est jeune encore, il est donc femelle. Donc l'ovule fécondé immédiatement après les règles, produira une petite fille. L'ovule fécondé huit ou dix jours après les règles, produira un petit garçon.

Tout le monde doit comprendre.

CONCLUSION

Nous terminons en répondant d'avance à une observation que tout le monde va faire en lisant ce que nous venons d'écrire.

Si l'homme possède une fois le pouvoir de produire des garçons ou des filles à volonté, bientôt les filles vont disparaître, puisque la grande majorité des mariés ne voudrait avoir que des garçons.

Ne nous effrayons pas trop vite. Les hommes sont, en général, trop dépourvus de sagesse et de vertu ; la femme est encore trop esclave, pour qu'un pareil résultat vienne affliger l'humanité.

Quand les hommes seront capables d'observer les Lois de la Nature, ils seront assez sages, assez intelligents, assez justes pour savoir que la femme est aussi utile que l'homme, et alors s'ils se servent de la découverte qui nous occupe, ce sera pour chercher à équilibrer le nombre d'individus des deux sexes. Oui, il arrivera un jour que tous les hommes comprendront bien que ce serait un malheur pour l'humanité, si le nombre des filles n'était pas si considérable que celui des garçons. En effet, chaque homme a le droit, de part Dieu, de posséder un jour une compagne. Et quand les femmes seraient moins nombreuses que les hommes, il y aurait des hommes privés de femmes.

Quel est le père qui, aimant véritablement son fils, voudrait le voir un jour dans l'impossibilité de se procurer une compagne ? Il y a de nos jours des hommes de cette trempe, mais c'est notre état social qui les a produits. Cette espèce ou plutôt cette variété disparaîtra dans la civilisation des temps futurs.

TABLE DES MATIÈRES

Toulouse. — Imp. MARQUÉS, et Cⁱᵉ, boul. de Strasbourg, 22.

9 782019 968892